DE LA SALUBRITÉ
DE LA
VILLE DE PARIS.

IMPRIMERIE DE JULES DIDOT AINÉ,
RUE DU PONT-DE-LODI, N° 6.

DE LA SALUBRITÉ

DE LA

VILLE DE PARIS,

Par Alphonse L.....,
PIÉTON PARISIEN.

Plus satisfaits, les habitants porteroient vers
le prince de nouvelles bénédictions.

Paris,

CHEZ Mme HUZARD, LIBRAIRE,
RUE DE L'ÉPERON, N° 7;

MONGIE, LIBRAIRE,
BOULEVARD DES ITALIENS, N° 10,

ET CHEZ LES LIBRAIRES DU PALAIS-ROYAL.

M DCCC XXVI.

DE LA SALUBRITÉ

DE LA

VILLE DE PARIS.

Dans une ville grande, belle, et riche, telle que Paris, capitale d'un des plus beaux royaumes de l'Europe, résidence ordinaire de la cour, siége du gouvernement, séjour des principales fortunes, centre des beaux-arts et de l'industrie, point de réunion des étrangers qu'y attirent les magnifiques monuments et les chefs-d'œuvre qu'elle renferme, on est généralement étonné, on a même lieu de se plaindre de l'excessive malpropreté qui régne sur la voie publique. L'habitant de la province et l'étranger demandent au Parisien d'où provient ce désordre, cet aspect dégoûtant; ils demandent s'il n'y a point de réglements de police sur un objet de cette importance, ou si, ceux qui existent étant insuffisants, on ne peut, par des dispositions plus sévères et de sages établissements, se préserver des maux qui naissent de cette incurie.

Interrogé sur ce sujet par un provincial, un modeste piéton parisien, après s'être entretenu avec lui de ce qui en effet exige de l'attention et de la réforme, lui développa un projet qu'il a conçu, afin de rendre Paris aussi propre et aussi sain qu'il est aujourd'hui sale et insalubre.

N'ayant d'autre but que celui d'être utile à ses concitoyens, ce piéton se décide à livrer au public l'entretien tel qu'il a eu lieu avec le provincial.

LE PROVINCIAL.

En vérité, mon cher Parisien, au spectacle que présentent les rues, les places, les quais, les boulevards, les carrefours, jusqu'aux impasses de votre ville, il me paroît impossible qu'on y puisse circuler, passer d'un quartier à un autre, sans être couvert de boues noires et de matières fétides. Il faut donc, pour s'en préserver, que chaque habitant ait une voiture à ses ordres. Comment faites-vous, je vous prie, pour vous retirer de ces bourbiers, de ces amas d'ordures qui se rencontrent à chaque pas?

LE PIÉTON.

Hélas! nous gémissons journellement sur de pareilles incommodités. Nos plaintes sont inutiles. Un jour peut-être on aura honte d'avoir vécu si long-temps dans la fange. Voudra-t-on y apporter remède? le bien se fait si lentement! Espérons pourtant que, lorsqu'on aura fait reconnoître à l'autorité la possibilité de mettre la ville dans un meilleur état de propreté, elle s'empressera d'en adopter les moyens. Alors Paris, qu'embellissent chaque jour

de nouveaux édifices, dont d'immenses quartiers,
par une plus grande population, vont accroître la
richesse, en lui donnant un plus brillant aspect,
n'offrira plus le contraste choquant de monuments
somptueux ayant leurs bases au milieu des immondices. L'autorité, n'en doutons pas, libre des travaux extraordinaires qui l'occupent, reconnoîtra
la nécessité de faire jouir la capitale d'améliorations
dont elle a un si grand besoin. Lorsque l'autorité
veut le bien, le bien se fait.

LE PROVINCIAL.

Quoique nous soyons un peu jaloux de MM. les
Parisiens (¹), je conviens que Paris a droit aux améliorations que vous invoquez, d'autant plus que la
santé de ses habitants y est fortement intéressée.

LE PIÉTON.

Déja, depuis plusieurs années, on a reconnu le
grave inconvénient d'avoir, dans l'intérieur de la
ville, les tueries et les échaudoirs des bouchers;
des abattoirs ont été élevés aux extrémités des faubourgs; de grands bâtiments, de vastes cours plan-
tées d'arbres, des courants d'eau, rendent ces établissements aérés, propres, et salubres. Les étrangers
ne les voient pas sans en être, pour ainsi dire,
émerveillés; mais combien n'a-t-il pas fallu de
temps!.... Je le répéte, le bien se fait si lentement!

Si vous portez votre attention sur ce qui se passe

tous les jours sous nos yeux, vous vous fortifierez dans l'idée de prompts changements ; vous reconnoîtrez qu'au fléau de diverses maladies (²) se joignent d'autres insupportables effets de ce désordre qui vous a frappé.

Je vais vous en tracer le tableau le plus succinctement possible.

Des ordures, des immondices de toutes sortes, sont jetées journellement par plus de deux cent mille ménages sur la voie publique, et y séjournent plus ou moins de temps. Les résidus des objets de fabriques viennent augmenter ces amas. Les chevaux, les voitures, les gens à pied, passant et repassant sur ces immondices, sur ces décombres, les écrasent, les broient, les changent en une boue noire qui, délayée par les eaux écoulées d'usines et de laboratoires, et par les eaux pluviales, et par celles qui proviennent de l'intérieur des ménages, ne peut qu'être difficilement et tardivement enlevée par les hommes chargés de ce soin. A peine une moitié est-elle ramassée, l'autre reste étendue dans les ruisseaux, en arrête le courant, et ne disparoît que lorsque de grandes averses viennent en remplir et obstruer les égouts.

D'infectes exhalaisons, des miasmes pestilentiels, s'émanent des lieux où de tout temps sont déposées ces immondices, indépendamment de ce que la boue s'introduit et reste dans les interstices des pavés.

Ce n'est pas tout. Les bouches des égouts répandent des vapeurs encore plus fétides, plus malfaisantes, qui, capables d'asphyxier les passants, font déserter les maisons qui en sont les plus voisines.

Les eaux sorties des égouts vont se rendre à la Seine, et former sur ses bords un lit de bourbe qui putréfie l'eau devant servir soit à blanchir et à baigner, soit à abreuver la majorité de la population.

Les parties les plus chargées des immondices restent dans les égouts, et nécessitent qu'on les cure souvent ; alors leurs entrées se ferment, et dans les rues, les carrefours, s'étendent de larges mares d'eau sale, interceptant le passage des piétons. Les voitures ne cessant de circuler, les pieds des chevaux couvrent en quelques minutes de cette eau noire, épaisse, les boutiques et les marchandises étalées.

Dans les grands orages et dans les dégels, les eaux, ne trouvant point d'écoulement assez prompt à travers les égouts, grossissent d'une manière extraordinaire, pénétrent dans les caves, et avarient tout ce qui s'y trouve.

Les marchands balayant leurs boutiques poussent les ordures un peu au-delà du seuil de leurs portes ; on marche dessus, on les disperse, on les pulvérise, et pour peu que de l'eau y soit jetée par ces marchands, ou que l'effet des brouillards se fasse sentir, il se forme, sur les pavés, cette boue grasse qui cause de fréquentes chutes. C'est ce qui est encore produit par les dépouilles de légumes que des milliers de fruitières jettent négligemment devant leurs boutiques.

L'hiver vient-il geler tous ces tas d'immondices que l'on rencontre à chaque pas dans les rues, les voitures, qui ne les évitent qu'avec peine, sont exposées à verser.

Dans l'été, ou dans les temps de sécheresse, la couche de boue dont la voie publique est couverte se change, dans les endroits aérés, en une poussière dont on est aveuglé, qui gâte les habits, pénètre jusque dans les logements, et rend très incommode la marche sur les quais, les ponts, les places et les boulevards.

Généralement les piétons, quelques précautions qu'ils prennent, ne peuvent éviter les éclaboussures qui les obligent à rentrer chez eux pour changer de vêtements, ou préserver leur chaussure de cette boue dont se ressentent les escaliers, les parquets, les meubles, et jusqu'aux aliments.

Les femmes, pour éviter d'avoir les pieds dans la fange, ont adopté la mode des patins et des

socques; il en résulte souvent de funestes accidents (³).

Quant aux petites rues, elles sont presque toutes
impraticables; aussi a-t-on soin de les éviter, en
prenant de longs détours. Les maisons y sont louées
à bas prix (c'est là sur-tout qu'on sent le besoin d'un
meilleur mode de nettoyage): ceux qui y habitent
ont généralement un teint pâle et livide, indice de
mauvaise santé et de misère.

Les chevaux ont les pieds abîmés par les boues,
ou blessés par les matières qui s'y mêlent.

Les équipages les plus beaux, les plus élégants,
n'en peuvent éviter l'empreinte; plusieurs sont
d'une saleté qui les rend presque semblables aux
tombereaux des boueurs.

En un mot, la voie publique semble être soumise
à une entreprise de fumiers que chacun se montre
jaloux de favoriser.

Il résulte de ce misérable état de choses, que les
particuliers, après avoir essayé inutilement de tenir
dans la propreté eux et leurs maisons, négligent ce
soin. Aussi vivons-nous dans une saleté que nous
reprochent avec raison les étrangers, sur-tout les
habitants du nord, qui, sur ce point, sont si re-
cherchés.

Si je vous disois qu'une partie des immondices

qui se ramassent est déposée dans l'intérieur même de la ville, et l'autre partie dans les plaines environnantes, où elles forment d'énormes monceaux qui, en se croupissant, se font sentir à plus d'une demi-lieue à la ronde, et sont placées là comme exprès pour annoncer au voyageur qu'il approche de la capitale!

Si je vous disois que ces fumiers sont répandus sur des plaines où le sol détérioré a pris la teinte et le goût des boues de Paris, et que c'est dans ces mêmes terrains que sont cultivés la plupart des légumes dont se nourrissent les habitants!

Enfin, si je vous disois que ce qui est tiré des fosses d'aisance est déposé dans un lieu très rapproché de l'une des barrières de la ville; que là encore sont amoncelés les chevaux écorchés et tous les animaux domestiques morts dans l'intérieur; que de cette voirie, où des étangs se forment, se répand une odeur fétide que respire la plupart du temps un grand tiers de la ville!

Quelle idée vous feriez-vous du peu de soin qu'on prend pour remédier à un pareil désordre?

Je pourrois ajouter à ce hideux tableau....

LE PROVINCIAL.

Ah! de grace, terminez-le; il ôteroit l'envie d'habiter parmi vous.

LE PIÉTON.

Je conçois, mon cher provincial, qu'il vous seroit plus agréable d'avoir la description des magnifiques monuments de notre capitale, de ses superbes promenades, des riches produits de son industrie, de ses immenses ressources, de ses nouveaux quartiers, dans lesquels les délicieuses constructions de l'architecture moderne rappellent les beaux temps d'Athènes et de Rome; mais ne faut-il pas mettre, avant tout, la salubrité publique? Hors de ce soin, point de santé; sans la santé, moins de travaux, et plus de misère.

Laissez-moi vous signaler encore un abus toléré, le plus dégoûtant et le plus insupportable..... Je veux parler de la nécessité dans laquelle se trouvent des hommes éloignés de leurs demeures, pour leurs occupations journalières, de satisfaire des besoins pressants au milieu d'une grande population; de l'embarras et de la honte qu'éprouvent pour eux les passants, qui néanmoins les plaignent intérieurement d'être forcés de se montrer en un pareil état.

Et les femmes!.... La pudeur peut-elle être plus indécemment blessée?

LE PROVINCIAL.

Plus vous me dites, moins je peux concevoir que l'autorité laisse subsister de tels abus.

LE PIÉTON.

Vous avez sans doute remarqué, dans les rues, ces grands tombereaux qu'on charge d'immondices; des hommes sont préposés au balayage des places, des quais, des endroits les plus spacieux; les commissaires de police inspectent, l'autorité n'est pas inactive, mais tout cela est insuffisant, et n'empêche point que notre Paris ne soit sale et malsain (4).

LE PROVINCIAL.

Fort bien. J'aime à reconnoître que vous n'êtes pas de ces hommes injustes qui ne voient que le mal et qui ferment les yeux sur ce qui se fait de bien. Trouver l'autorité en défaut est pour eux un plaisir : mais si, comme vous semblez le dire, on fait ce qu'on peut, il n'y a donc plus rien à faire? Ainsi, mon cher piéton, les habitants de Paris sont condamnés à être salis, crottés, éclaboussés, et vous en aurez votre bonne part, à moins que l'inconstante déesse ne vienne vous donner le privilège d'éclabousser les autres.

LE PIÉTON.

Vous avez raison; et si rien n'étoit changé à l'état actuel des choses, nous autres, pauvres piétons, serions bien à plaindre. Mais si, après vous avoir retracé tout ce que notre position a d'incommode, de fâcheux, même de dangereux, j'indiquois les moyens d'y remédier; si j'avois à proposer un mode d'approprier et d'assainir la ville, mode auquel on n'a point encore pensé, qui est très simple, peu dispendieux et d'une exécution facile, que diriez-vous?

LE PROVINCIAL.

Ma foi, je dirois que vous avez trouvé la pierre philosophale, et que les piétons vous devroient non seulement des remerciements, mais même une couronne.

LE PIÉTON.

Je vais vous soumettre mon projet:

1° Faire défense expresse de jeter ou de déposer des ordures et des immondices sur la voie publique, sous peine de payer une forte amende, à laquelle auroit part celui qui, en s'appuyant de témoins, auroit fait connoître le contrevenant.

2° Établir, par chaque arrondissement municipal (⁵), une entreprise de nettoyage, curage, et assainissement qui emploieroit des tombereaux à quatre roues, de la profondeur de quatre pieds environ, larges de six et de douze de longueur, qui parcourroient les rues et voies qui leur seroient assignées, depuis cinq heures du matin jusqu'à neuf pendant les jours les plus longs, et depuis six heures jusqu'à dix pendant les plus courts, et dans lesquels les habitants de la ville seroient tenus de déposer toutes leurs immondices (⁶).

Le passage de ces tombereaux seroit annoncé par une sonnette suspendue à la tête de l'un des chevaux.

L'Entreprise se serviroit de tombereaux de plus petite dimension pour les rues et les impasses, où les grands ne pourroient pénétrer sans inconvénient.

L'Entreprise devroit avoir des compagnies de balayeurs qui se porteroient plus particulièrement sur les places, les ponts, les quais, les boulevards, et les carrefours, et qui releveroient les ordures des chevaux et autres, en employant des tombereaux particuliers.

Enfin l'Entreprise seroit tenue d'avoir un certain nombre de tonneaux pour transporter de l'eau qui serviroit à laver et à assainir les endroits des monuments publics qui demanderoient ce soin.

3° Faire défense aux entrepreneurs de constructions de déposer sur la voie publique aucuns déblais qui devroient être enlevés par les tombereaux actuellement en usage.

4° Obliger les propriétaires à faire balayer, chaque matin, le devant de leurs maisons, à faire ramasser et rentrer les ordures qui pourroient s'y trouver, pour les faire jeter dans les tombereaux à leur passage. Les obliger aussi à faire laver, chaque samedi, le devant des maisons.

5° Faire curer les égouts et nettoyer les ports, et les rives de la Seine par des gens chargés spécialement de ce travail.

6° Multiplier les fontaines - bornes ; supprimer les pompes-fontaines où vont actuellement se remplir les tonneaux des porteurs d'eau, et n'en établir que sur les quais, dans leurs parties les plus spacieuses (7).

7° Rendre à la voie publique les terrains des voiries établies à l'intérieur de Paris.

8° Faire transporter au moins à une lieue et demie de la ville les immondices dans des terrains éloignés des habitations de communes voisines.

9° Rendre à la culture les terrains de la voirie Montfaucon ; transporter définitivement cette voirie dans la forêt de Boudy.

10° Obliger les propriétaires à faire construire des trottoirs dans les rues qui sont assez larges pour qu'on puisse y en établir ; et dans celles où ils ne pourroient pas l'être, à faire paver, à chaux et à ciment, le devant des maisons trois à quatre pieds à partir du mur.

11° Établir un assez grand nombre de cabinets d'aisance dans chacun des douze arrondissements, dont la majeure partie seroit, sans rétribution, à l'usage du public, et d'autres pour l'entrée desquels on paieroit.

2

12° Établir également dans chacun des arrondissements un grand nombre de baquets, tels que ceux qui sont placés aux Tuileries et au Palais-Royal (⁸).

13° Soumettre les personnes qui se permettroient des ordures sur la voie publique à une forte amende, dont une partie seroit au profit de celui qui, en prenant des témoins, feroit connoître le contrevenant.

14° Créer plusieurs inspecteurs de salubrité par arrondissement, n'ayant point d'autres fonctions, qui seroient tenus de dresser des procès - verbaux des contraventions qu'ils remettroient au maire de l'arrondissement et au commissaire de police du quartier où la contravention auroit eu lieu. Les maire et commissaire de police feroient exécuter les réglements de salubrité en poursuivant les contrevenants devant le tribunal de police municipale.

15° Créer un inspecteur général de salubrité, et des sous-inspecteurs pour toute la ville, qui seroient tenus de la parcourir à cheval, à l'effet de tenir rigoureusement la main à ce que les entrepreneurs de nettoyage remplissent ponctuellement leurs obligations.

16° Encourager les établissements de fosses inodores; ne permettre de vider les anciennes fosses que par le procédé des pompes nouvellement inventées, et ne point laisser circuler pendant le jour les tonneaux et appareils des inodores.

17° Faire paver toutes les rues, les places, et les lieux qui ne le sont point; mieux entretenir le pavé; donner plus de pente à plusieurs rues, afin de faciliter l'écoulement des eaux ; ouvrir de nouvelles bouches d'égoût.

18° Rendre exécutoires, à une lieue autour de Paris, les dispositions des réglements de salubrité en ce qui seroit reconnu applicable aux communes voisines.

Il faudroit, indépendamment des principaux moyens de salubrité qui sont ici indiqués, pour prévenir les grands malheurs occasionés chaque jour par l'encombrement de la voie publique :

Que les marchands ne fissent aucun étalage à l'extérieur de leurs magasins et boutiques;

Que les marchands de vin, limonadiers, épiciers, et autres qui reçoivent des pipes d'eau-de-vie, des pièces de vin, des quarteaux de bière, des tonneaux quelconques, des balles, ballots, et caisses de marchandises, fussent obligés de les rentrer aussitôt après leur arrivée;

Qu'on ne permît point aux petits marchands étalagistes de séjourner ailleurs que sur les places, les quais, les ponts, et les larges boulevards qui leur seroient assignés ;

Qu'on ne souffrît point que les charpentiers, menuisiers, maçons, serruriers, et autres, établissent des dépôts de matériaux sur la voie publique, et qu'ils fussent tenus de faire travailler dans leurs cours et dans leurs ateliers (9);

Qu'on établît une amende assez forte contre les conducteurs de chevaux de selle ou de voiture qui leur feroient tenir une course trop précipitée;

Qu'on fût très rigoureux envers les porteurs d'eau et les charretiers qui ne se tiendroient point près de leurs chevaux en les conduisant;

Qu'on punît d'une amende le maître ou conducteur d'une voiture ou charrette stationnaire qui ne se rangeroit pas convenablement;

Que l'on fût obligé, sous peine d'amende, de rentrer dans les maisons ayant des cours le bois et les provisions aussitôt après leur arrivée, sans que l'on pût notamment scier le bois au dehors;

Enfin que les ordonnances qui existent, concernant les enseignes, les devantures de boutiques, le placement des bornes et autres objets, fussent exécutées rigoureusement.

LE PROVINCIAL.

Voilà un fort beau projet; Sully et Turgot ne l'auroient pas mieux conçu. Hâtez-vous donc de le proposer.

LE PIÉTON.

Concevez-vous, mon cher provincial, les avantages réels qui résulteroient de l'exécution de ce projet pour toutes les classes de la société ;

Plus de mauvaises odeurs, d'exhalaisons fétides, et de miasmes pestilentiels dans l'intérieur de la ville ;

Les eaux provenant des ménages, des usines, et des pluies, s'écouleroient librement dans les ruisseaux, et les égoûts ne seroient plus encombrés ;

La Seine n'auroit plus son lit chargé de matières putréfaites ;

Les piétons, les chevaux, les voitures, les boutiques ne seroient plus couverts d'une boue noire et infecte ;

Les maisons, à l'extérieur comme dans leur intérieur, pourroient se tenir dans une plus grande propreté ;

Les habits, les chaussures, plus propres également, auroient plus de durée ;

Les petites rues seroient plus pratiquées ; ceux qui les habitent, respirant un air plus pur, jouiroient d'une meilleure santé ;

On seroit dispensé de faire usage de patins et de socques ; on éviteroit par-là les accidents qu'ils occasionent ;

Les pieds des dames se poseroient sur un pavé plus digne de les recevoir ;

On auroit moins besoin de voitures, et l'on prendroit dans une marche à pied le plus favorable des exercices ;

La vue des passants ne seroit plus blessée par un tableau dégoûtant ; la pudeur seroit enfin respectée ;

Des places seroient rendues à la circulation qui deviendroit plus facile ;

Moins de malheurs seroient à déplorer ;

On n'auroit plus l'humiliant, le douloureux spectacle de malheureux cherchant au coin des bornes, dans les restes de la table du riche, une nourriture sale et malsaine, qu'ils sont encore obligés de se disputer avec des animaux ;

La ville jouissant d'un meilleur air, ses hôpitaux seroient moins remplis ; ses travaux seroient moins interrompus par les maladies que cause l'insalubrité ; beaucoup d'ouvriers plus sains, plus actifs, vivroient dans une plus grande aisance ;

C'est alors que les habitants de notre beau Paris pourroient dire : Honneur et reconnoissance à l'autorité à laquelle nous sommes redevables de ces bienfaits . rendons-nous-en dignes en observant les réglements qu'elle a établis dans notre intérêt ;

Plus satisfaits, ils porteroient vers le prince de nouvelles bénédictions.

LE PROVINCIAL.

Assurément on ne pourroit rien faire de mieux; mais je n'ai qu'une inquiétude, c'est que l'autorité n'adopte point votre projet, et que vos doléances, ainsi que celles de la plus grande partie des Parisiens, n'empêchent point que Paris ne reste dans le déplorable état que vous avez décrit.

LE PIÉTON.

Mes vues, je le sais, ne se recommandent par aucune importance personnelle; je ne suis que l'organe, que l'interprète des besoins et des vœux de mes compatriotes. Si je peux faire reconnoître la vérité de mes observations, la réalité du désordre dont tous les esprits sont frappés, et la nécessité d'améliorations, l'opinion publique se formant, agira sur celle des magistrats connus pour ne rien négliger de ce qui intéresse leurs administrés. Je suis loin de prétendre qu'on s'attache à tous les moyens que je propose; il me suffit qu'on reconnoisse le bien qui résulteroit de l'exécution d'une partie: on peut retrancher de mon projet, y ajouter, en un mot, le modifier; je me féliciterai si, en excitant l'attention et l'intérêt, il porte l'administration que concerne son sujet à s'en occuper fructueusement.

LE PROVINCIAL.

Je desire que vos vœux soient exaucés. Je suis maire de ma petite ville; quand je veux y opérer quelque bien, rien ne s'y oppose. Je trouve tant de bonnes choses dans ce que vous m'avez dit, que je m'empare de votre projet, et je veux le mettre à exécution dans la partie qui est commune à notre position respective. Une ville voisine qui rivalise avec la nôtre, voudra nous imiter dans nos améliorations, voudra peut-être nous surpasser ; notre préfet, qui ne néglige rien de ce qui peut rendre son administration honorable et utile, pourra réaliser vos vues ; cet exemple étant imité dans d'autres départements, instruite, encouragée, autorisée par ces heureux essais, l'administration parisienne n'hésitera plus à exécuter elle-même ce plan qui vous flatte, et auquel j'applaudis de tout cœur. Adieu.

FIN.

NOTES.

(¹) *Jaloux de messieurs les Parisiens.* La province est jalouse de Paris; par quels motifs? La population de la capitale n'est-elle pas composée, au moins pour les trois quarts, de personnes de la province, qui occupent les emplois les plus distingués du gouvernement, ou qui ont formé des établissements dont la prospérité les mène à la fortune? Paris par lui-même peut-il se suffire? Ne tire-t-il pas tout des provinces? Les départements lui envoient-ils sans rétribution leurs produits? Paris n'a-t-il pas fait ses preuves d'amour de la patrie? Est-il sourd, lorsque le cri du malheur se fait entendre aux extrémités de la province la plus reculée? Et comment concevoir un gouvernement sans point central? Enfin Paris n'est-il pas une ville dont doive s'enorgueillir la France entière? la gloire qu'elle lui donne ne rejaillit-elle point sur tous les Français?

(²) *Maladies.* Les principales causes de l'insalubrité sont indiquées; on laisse aux médecins à en caractériser tous les effets. Il suffira d'observer que journellement ils sont obligés pour guérir leurs malades de les faire changer de quartiers, d'ordonner à plusieurs d'habiter les hauts des faubourgs, ou de quitter la ville.

(³) *Patins.* On pourroit citer plusieurs accidents qui devroient faire quitter l'usage des socques et des patins; on rappellera seulement que Barilli, acteur de l'opéra italien, aussi estimable qu'aimable, a succombé victime d'une de ces malheureuses inventions.

(4) *Tombereaux.* Tout le monde est d'accord sur l'insuffisance des tombereaux employés au nettoyage de Paris. Non

3

seulement les gens préposés n'enlèvent qu'une partie des immondices, mais ils chargent de manière à salir les passants, et ils encombrent tellement ces voitures, que les ordures enlevées se répandent le long des rues, ce qui rend souvent le remède pire que le mal.

(5). *Nettoyage par arrondissement.* Il est inutile de s'appesantir sur les avantages que procureroient douze entreprises de nettoyage au lieu d'une seule. Chaque arrondissement se piquerait d'être mieux tenu que son voisin; de là le bien général.

(6) *Déposer toutes leurs immondices.* On n'a fait qu'indiquer généralement les causes principales qui occasionent la malpropreté et l'insalubrité de la capitale, ainsi que les moyens à employer pour arriver à un meilleur état de choses. Quant au mode d'exécution, c'est à l'autorité qu'il appartient de le déterminer. Mais on le répète, tant que les immondices seront jetées sur la voie publique, quelques soins que l'on prenne pour les faire enlever, Paris ne sera jamais plus propre qu'il l'est actuellement.

Il ne faut point regarder comme trop gênante l'obligation à imposer aux habitants de verser leurs ordures dans des tombereaux; cela ne seroit pas plus difficile que de les déposer au coin de la borne ou au milieu des ruisseaux. Que l'autorité ordonne, que les maîtres de maisons tiennent la main rigoureusement à ce que les réglements soient exécutés, les domestiques auront bientôt contracté une habitude dont ils éprouveront eux-mêmes le bienfait.

Les ménages qui n'ont point de domestiques trouveroient aisément des gens qui leur rendroient ce service, moyennant une légère rétribution.

On pourroit même s'abonner pour faire enlever les immondices par des gens qui réuniroient toutes celles d'un escalier ou d'une maison, et qui iroient les verser dans les tombereaux.

En assujettissant à ne se débarrasser des immondices que tous les matins, on n'innoveroit pas, puisque les ordonnances de police en vigueur astreignent à ne rien déposer sur la voie publique après neuf heures du matin.

Doit-on être arrêté par plus ou moins de dépense? Paris ne possède-t-il pas des revenus assez considérables pour que l'on puisse en consacrer une partie à des améliorations d'une si grande nécessité?

On répond d'avance aux objections que l'on pourroit élever contre ce projet de nettoyage et de salubrité qu'il y a malheureusement des inconvénients à tout, mais que le plus grand est de vivre au milieu d'une malpropreté aussi extraordinaire, et qui va toujours croissant.

(7) *Pompes.—Fontaines.* La rue de la Chaussée-d'Antin, une des plus belles de Paris, est obstruée et rendue très incommode par la pompe qui y est établie. Il est impossible de passer du côté de cette pompe, à moins de s'exposer à être inondé, ou à être écrasé par les tonneaux des porteurs d'eau, qui encombrent le passage.

A la porte Saint-Denis on éprouve les mêmes inconvénients, ainsi que dans beaucoup d'autres endroits de la ville non moins importants.

Le changement désiré, qui rendroit la circulation plus facile, seroit apprécié de la population entière.

(8) *Cabinets d'aisance.* Il y a long-temps que tout le monde desire qu'il soit établi des lieux d'aisance publics et sans rétribution; aujourd'hui que la population de Paris s'accroît d'une manière extraordinaire, ils deviennent réellement de la plus grande urgence. Des milliers de maçons, peintres, menuisiers, serruriers, et autres ouvriers, ainsi que les com-

missionnaires, les cochers de fiacres, de cabriolets, et des voitures des environs, ne sachant où aller, sont contraints de salir la voie publique.

Cette immense population, et la multiplicité des marchands de vin, rendent également indispensables les baquets. Que l'on consulte les propriétaires et les locataires des maisons voisines de ces marchands!

On objectera peut-être qu'il seroit difficile de trouver des emplacements où les cabinets et ces baquets pourroient être établis. Mille endroits, et beaucoup de coins, sont susceptibles de les recevoir, principalement les quais, les boulevards, une partie des places, le fonds des impasses, etc.

(9) *Dépôts des matériaux.* Il est reconnu que les rues de Paris sont la plupart trop étroites pour la population et le grand nombre de voitures, cependant on tolère qu'on y établisse des dépôts de matériaux et des chantiers de tailleurs de pierre, de charpentiers, de menuisiers, qui les rétrécissent encore.

L'autorité pourroit exiger que ces dépôts et ces chantiers fussent sur les boulevards extérieurs, ou sur les places dans le haut des faubourgs, et que l'on ne rapportât les matériaux que tout façonnés pour être employés aux constructions.

Il y a des rues, que l'on pourroit citer, où se trouvent des pierres déposées depuis si long-temps, qu'elles sont recouvertes d'une mousse verte.

Ce sont ces dépôts qui présentent les cloaques les plus infectes.

FIN DES NOTES.